Dorante Edition

Mein Vater war Schwimmer

Gedichte

Martin Westenberger

FSC
www.fsc.org
MIX
Papier aus ver-
antwortungsvollen
Quellen
Paper from
responsible sources
FSC® C105338

Bibliografische Information durch die Deutsche Nationalbibliothek: Die
Deutsche Nationalbibliothek verzeichnet diese Publikation in der Deut-
schen Nationalbibliografie; detaillierte bibliografische
Daten sind im Internet über http://dnb.d-nb.de abrufbar.

Herausgegeben durch das Literaturpodium, Dorante Edition
Berlin 2019, www.literaturpodium.de
ISBN 9783748159490

Foto auf der Vorderseite: Rainer Servos (1962 - 2017)
Lektorat: Rainer Vollmar

Herstellung und Verlag: BoD – Books on Demand, Norderstedt

dein liebeswahn

gib mir
deinen liebeswahn,
es ist auch meiner,
er beginnt mit
glutaugen
in den seelengrund,
dann
liebemachen
bis zur basis
unserer steinzeit.

naturgemäß
können wir uns einen
ballern u. in
stiller ekstase
aus dem leben gehen,
weil der rest
ohnehin
nur nachspiel
sein wird.

dein werk,
mein werk,
lächerlich,
ohne bedeutung.

gemeinsam
vergessen,
du auf dem altar,
ich irgendwo,
wo immer wir sind,
einen moment lang
haben wir uns
gesehen.

bah,
fußgängerzonen,
endlose gespräche über
anschaffungen,
freizeitplanung u.
altersvorsorge,

alles verbrannt
von deiner heiligkeit.

im augenwinkel

haben wir das glück gesehen,
ein gehobenes glas,
ein warmes haus,
ein gutes gespräch.

alles unglück war verschoben
ins provisorische, mit versuchtem
bürgerlichem bewusstsein,
apotheose des nunc stans.

was würde zum schluss zählen,
die wir lieben zu versammeln,
mit händedruck u.
festem blick.

im hinteren eck
des zimmers
die erinnerung
brötchenholen als kind,

singend u. selbstvergessen.

erst malte

die innere raupe
an dem wort
liebling,
die buchstaben standen
groß in der landschaft,
jeder buchstabe mit
eigener stütze,

wenn sich eine geschichte
meldete, zerplatzte
ihre blase
an der spitze
einer feder.

dann etwas, das
den boden
zittern ließ,

luftmalerei
als horizontlinie,

streicheln,
flüstern
der eingebungen,
mit zukunft gepaart.

etwas großes
zog bogenförmig
durch den stillen morgen.

die schlangenfrau

vermag
vom riesenschirm
kurz wegzulocken,
wenn
der eintritt billig u.
ihre bewegungen gegen
alle gesetze der physik,
wenn
sie, süß u. niedlich,
dass man sie gleich
mit nach hause
nehmen kann,
wenn
sie auf dem spiegel
liegt, in dem auch
der betrachter
sich betrachten kann,
wenn
sie auf einem riesenfeld
zucker liegt, jede
ihrer schlangenbewegungen
fein knirscht u.
der betrachter
beim betrachten
zucker
nehmen kann,
wenn
sie ohne
das leiseste knacken
ihrer wirbel,
wenn
sie im schönsten flüsterton
betet,
dass gleich
die kollegen kämen,
zweiundzwanzig motorradfahrer

in die halbdurchsichtige
metallkugel einströmten,
die einen
auf der äquatorlinie,
die anderen um
90 Grad versetzt, mit
höllenlärm u.
besten aussichten auf
menschenmatsch, der
jederzeit
möglich wäre,
dann
wäre man
eventuell bereit,
vom riesenschirm
kurz aufzuschauen,
oh danke,
betet
die schlangenfrau,
bereit
für ihr letztes stück.

erdbeerfest im zwergenpark

früher holte man zwerge auf
die showbühne, damit sie dort,
jeder für sich u. nacheinander,
steine kacken,
moderiert von caroline reiber.

heute leben die zwerge im park u.
feiern erdbeerfest, wenn es keine
erdbeeren
mehr gibt, müssen eben
andere beeren
daran glauben.

in thüringen
fahren vati und mutti im
beigen mobil zum
erdbeerfest im zwergenpark, auch
innen ist das auto so beige, dass
das lenkrad beim einparken
wegglitscht.

das macht vati stier, noch bevor er
seine erste
erdbeerbowle
zu sich genommen hat.

die lieben zwerge mit ihren
hutzelnasen,
den gelebten
bärten und ihren
gemütlichen mützen,

das ist das schöne deutschland von früher,
liebenswert, erhaltenswert.

unisono zustimmung der zwerge,
die nun,
selbst im park,
ein ganzes gebirge
an steinen
zusammenkacken.

früher hieß es,
deutschland sei
anal, immer
ging es um
kacka u. die
hochentwickelten
toilettenformen mit der
wahl,
nochmal draufzuschauen oder
weg damit.

kennt man heute noch einen guten
kackawitz
aus der zeit des
gemütlichen deutschlands.

keine ahnung
hat man mehr davon.

jetzt haben
die zwerge
soviel
erdbeerbowle getrunken,
dass mutti und vati
sie nicht mehr verstehen,
weil sie ganz leise in
zwergensprache
den park u. alles
verfluchen.

wer kommt mit

in die elegante welt
aus schöner kleidung,
champagnerküssen u.
alles in schwarz-weiß.
wer umgeht
die kleine öffentlichkeit
u. flieht
mit revolverschaltung.
große musik,
große filme,
große gesten
ohne
intellektuelles dörrland.
etwas armut u. kriegsnähe hinten,
aber vorne schon
der trunkene tanz
in den orchestergraben.
wer reist etwas weiter,
mit küssen im auto
im kornfeld,
ausruhen im windschatten
des credos von
gestaltung u.
veränderbarkeit der welt,
nicht bloß deren resterhalt.
wer dengelt
die dünnwandige tür auf,
wer macht das idiotengesicht u.
lacht die ganze nacht.
wer hat das thesenpapier,
wer trägt nochmal
sein anliegen vor,
diesen nachmittag lang.
die elegante welt,
die staubigen schuhe
im feld.

on my way humm

1.
tonight i feel like speaking in a rotten
school english without going to a
dictionary.

2.
on my way humm i saw some old
people, heading for their aldi einkauf.

3.
father was driving, mum was laughing.

4.
she knew everything better, she was
doing the quatschi in the car, while
the old, grey and beige father was
thinking of technique and that he
would have no more any business-
partner to talk to.

5.
then a young woman came the way
on her bike, it was like schweben,
the old aldi father thought.

6.
mother had already looked for all
the special offers in the billige
brochures.

7.
then i saw a couple kissing.

8.
i forgot how they looked like.

9.
aldi father could tell you.

10.
give him a call or write to him
through the angels of the
adac.

11.
i was thinking of utopia, that every
fucker should be free and in love.

12.
it would be a nice party in the
zwischenraum, without any
terror of time.

13.
ridicolous time, i thought.

14.
the next thought was of course, to
write on without using the word i.

15.
a philosopher once said, it would be
an anmaßung, if someone said i.

16.
he meant the bürgerliche subjekt
with seine bräsigkeit, seine
eingebildetheit, that hole shit.

17.
that keeps away from feeling free.

18.
or being free.

19.
what does the idea of freeheit
mean to us fuckers.

20.
the aldi couple doesn´t care
a shit.

21.
they do their preisgünstige
buys to geht along somehow.

22.
what a shit.

23.
we should give them a kiss.

24.
try to feel better, if
we can.

25.
what will the fucking
aldi age bring to us,
we might ask
in the zwischenraum.

26.
we smoke that question away
or do some sports.

27.
then comes the desire.

28.
and we hope again
and think,
in the zwischenraum.

29.
i will tell the people
in the uno.

30.
then everything
will be fine.

fellini sagte

nur unser erster u. letzter
gedanke eines tages
sei des bedenkens wert,
in ihnen liege das exposé
jeder geschichte, also
unseres lebens.

beim weg zum bett
dachte ich, meine arme
seien aus metall, mit
feinen messinstrumenten
zur tarierung der welt.

ich trug meine liebe,
sie war sehr weich u.
leuchtete wie honig,
dann maßen die arme
objekte, die wie
schwarze löcher zogen,
aber nicht gewannen.

anschließend vermessung
meiner sehnsuchts-zeichen,
dazu ein soundtrack,
genetisch u. homemade.

beim treppensteigen
bat ich um verständnis,
mein leben betreffend,
natürlich nur als muster
unzähliger milchstraßen.

auf der obersten stufe
kurze durchdringung u.
abgabe der metallarme.

schließlich
im bett u. daheim
ein letzter reim.

fellini kam aus dem grab,
lächelte charmant u.
sagte, no no no.

während des einschlafens
widersprach ich ihm.

vor dem crazy sexy

ist vormittags alles aus beton,
die vorhänge offen,
als wäre es eine jugendherberge
mit leerer küche u.
orangefarbenen vorhängen
im wind.

als wäre ein vater
wieder lebendig u. würde hinten,
vor den klinkersteingaragen,
die räder
am alten mercedes wechseln.

als wäre alles umgeben
vom werkzeug der fernfahrer,
hut mit krempe,
ölschmierhänden.

als würde es nur
um die reparatur
des einen tores gehen,
damit aber des ganzen lebens.

männerlachen,
männerritual,
wiederaufbau.

doch nirgends
eine frau,
nicht in den zimmern,
hinter keinem grashalm.

so war das nicht gemeint,
grunzt der eine mann
mit dem riesigen
schraubenschlüssel

in der hand.
im hintergrund
ist einer immer beim kehren,
als er sich hinsetzt u.
etwas notiert,
sieht er,
dass seine schrift
immer kleiner wird,
bis er sie nicht mehr
lesen kann.

an der ausfallstraße
lastwagen u. verlassene
blumenverkaufsstände.

38 grad im schatten.

cut-up 1959

literatur entstehe nicht
in literaturhäusern,
wenn überhaupt, dann
in den garagen der vororte,
unter drehen eines schweins
am grill,
haben sie gesagt
und ergänzt

fucky scheiße
blue pab ribbon
fuck!

früher hätte jandl
im boxring gelesen und
die massen wären ausgerastet
bei seinem mehrsilbigen gedicht

na-po-le-oooooooooooooooon!,

ihre augen weit offen,
hätten sie gewusst,
dass jeder sofort
alles ändern könne,
die ärmel
der weißen hemden
hochgerafft,
haben sie gesagt
und ergänzt

fucky scheiße
blue pab ribbon
fuck!

es wäre
höchste zeit für ein
zusammensein bei
späten lesungen
unter dem tisch,
voller blut,
voller schweiß,
voller tränen,
haben sie gesagt
und ergänzt

fucky scheiße
blue pab ribbon
fuck!

wer von den fuckern
habe der liebe
je gehuldigt
im kurzen leben, die
verquasten arschgeigen,
nicht bereit für ein paar
himmelsakkorde,
haben sie gesagt
und ergänzt

fucky scheiße
blue pab ribbon
fuck!

aber so lange
geschwiegen werde,
würde das grillschwein in
den garagen der vororte
sich endlos weiterdrehen
und keine neue einsicht geben,
haben sie gesagt
und ergänzt

fucky scheiße
blue pab ribbon
fuck!

olbas lutschtabletten

hier ist es ruhig, behaglich,
tage des friedens u. vielleicht
der gesundheit, erzählungen
von außerirdischem u.
menschengemachtem
schicksal, eruptiver gewalt.

schneller überflug
der passagen, dass
sie nicht tage
am triebwerk
hängenbleiben u.
alles bekleckern.

der aufkeimende verdacht,
dass die wirklichkeit selbst
traumatisiert sein könnte.

haben nicht früh schon
die alten ein fell
um den leib getragen u. sich
niemand
genannt.

da lacht das krümelmonster,
hält etwas hoch,
glupscht mit sonorer stimme
cookies!

uninformiert in uniform

liebling, da die zeit
nichts kennt,
als uns zu täuschen,
lass uns in den warteraum
des bahnhofs gehen.

der mann in uniform
hat seinen stempel
schon gegeben,
immer sitzt er bei uns,
zeigt freundlich seine zähne,
aber sagt nichts.

schön, seine hellblaue
uniform, schön sein
stempelgerät.

alles, was wir notieren,
wird von seinem konzentrierten
blick verfolgt.

wir müssen genau sein,
wenn wir festhalten,
was gesagt wurde.
bei jeder frage
schüttelt er den kopf
mit mütze.

jetzt sprichst du
den titel aus.

beim verlassen des warteraums
stempelt er noch einmal
unsere zeit:
nichts verloren.
siehst du,
so geht das.

mein vater war schwimmer

im farbwerksbad, mit wasser über seinem
silberrücken, dem chlorgeprägten
türkisblick u. damit alles abstreifte.

das chlor schloss nicht
die paar offenen stellen auf der haut,
aber trotzdem schön,

er war von früh an schwimmer,
reiner brustschwimmer,
formte einen rhinozerosmund

beim auftauchen u. dann wieder
ab, schon damals, im
nidda-bad nied,

weite bewegungen,
lange bahnen,
tief durchatmen,

weit abstoßen, mit
kräftigem tritt u.
das wasser prusten.

er hielt den kopf schräg,
kniff seine augen,
die jahrhunderthalle,

die dunkelblaue badehose
aus trevira 2000
hing flach am chlorhintern,

der feine chemieduft,
seine stabilen hände,
beim hausbau kalkspritzer.

die bunten farbwerkspunkte
über der eingangshalle
des farbwerkbades.

ich erinnere mich
an den staubigen gehweg dorthin,
er lag immer in der sonne.

ich kratze meine fliegenstiche auf,
wenn du älter bist, klebst du
lassoband darüber, sagt mein vater.

universalliebchen

universalliebchen
kommt im ultraschall
anoszilliert,
und zwar
im schrägflug,
ja,
was denkt denn ihr,
dass das
mit ein paar
fliegenklatschen u.
bausparverträgen
abzuhalten wäre,
mit kampftrinken u. der klage,
dass so eine scheiße
einem lange schon nicht mehr
zugestoßen sei.

die idee einer
festungseinnahme, das
universalliebchen
ist schon lange
jenseits davon in den
unbewussten zeichen,
vom kopf bis zu den füßen
inkorporiert zu werden.

also:
hohe schnackelintensität,
hämmernde gedanken u.
fixierung,
ausgezeichnet,
wunderschön,
souffliert das
universal liebchen.

hochgeschossen aus ruinen,
lifted an der wunderbar,
gemsgang,
sackhüpfen,
goldstein-suche.

wo das
universalliebchen
sich niederlässt,
wächst nichts mehr
in den rabatten.

neuer schräganflug,
hörbar nur für
hochbegabte stoiker,
die erst einmal in ihre
wurst
beißen,
dass das
wasser spritzt.

abdrehen des
universalliebchens,
da gibt es
lohnendere ziele.

mit dem älterwerden
geht es um …

satz im anflug vom
universalliebchen
terminiert,

horizontlinie,
dauerblick.

um die augen herum

war der journalist operiert worden,
das ersparte ihm, immer wieder auf
seine jugendlichkeit u. wachheit
hinweisen zu müssen,

zumal der gegenstand
schon wachrüttelnd genug war,
investigativer journalismus in
den usa, mit alternativen fakten u.

moralismus, der jederzeit in der
lage war, so gefährlich zu werden
wie sein gegenteil, die von den
anwürfen getroffene journalistin

stand ganz hinten, sie war um die
augen herum operiert, was ihre
wachheit u. jugendlichkeit
sofort sinnfällig machte u.

die gerichtsbarkeit
einen moment lang aufhalten
konnte, ja, sie habe sich kurz
in ihrer wohnung nackt gezeigt,

beim plastinieren, u. sie bedauere,
dass wegen ihres fehlverhaltens
die gesamte nachbarschaft von
den sicherheitskräften neutralisiert

worden sei, konnte ich endlich
kritisch investigieren, nachdem ich
mich zuvor um die augen herum
operiert hatte, damit niemand

meine jugendlichkeit u. wachheit
in zweifel ziehen konnte,
auch nicht der präsident.

manch einer denkt bei jazz

an menschen mit achtzig plus,
sie tragen outdoor-kleidung
u. haben sich zum
konzert im park
tupperware, der sie
schnittchen entnehmen,
mitgebracht u. ermümmeln
sich in freude, noch da zu sein,
huschblick zu den anderen.

heute abend sah ich ein junges
crossover-genie
auf der bühne,
mit vier meter alphorn u.
vierzig musikern
aus aller welt,
sie nannten das auch,
mehr oder weniger,
jazz.

manch einer denkt bei
vierzig musikern
auf der bühne u.
aus aller welt
an peter maffay,
säbelmesser in den tisch gerammt,
fischstäbchen-charme
aus tiefer gelegten knopfaugen,
rumänischer fluch.

beim konzert heute abend,
als alle
mit u. gegeneinander
tirilierten,
indien,
afrika,

österreich,
schweiz u.
osthessen,

flog der ganze schablonenmist
durch die decke,
das ganze getue um
improvisation u. seliges
im meer waten,

hin zu einer unaussprechlichen
botschaft von
struktur,
schönheit,
freiheit,
love- u. peace-fuckerei,

das publikum mit
tränen im blick,
stoßseufzender,
nicht endender applaus,
ja! ja! ja!,
dort wollen wir sein!

im pueblo

wegführung durch von innen
patinierte leuchtschilder,
aluminiumrahmen,
restschaben vom
modell deutschland,
springbrunnen,
ortslosigkeit.

innen
vorgetäuschtes lehmambiente,
jugendgruft
mit hundert prozent auslastung.

zwitscherndes deutschland
hinter den fassaden,
rückenfreie jungkellnerin,
die ihre laute ganz vorne
erzeugt,
atmosphärenschutzschild
mit dem immer wiederholten satz,
sehr gerne.

am nachbartisch
abschätzige testfahrten
mit audi,
zum co-piloten-look
das prononcierte blau,
vorgezogenes eidechsenkinn,
unbeeinflusst von den
werbeslogans
straßenlage,
birdwatch,
digitaler schutzschlauch
usw.

nüchterner blick
beim weizenbiergriff
ideologiekritik,
jetzt
jodeln können.

hamsterrad bohnerndes
maiskornmalmen aus
taco-teigtaschen,
jederzeit
zum abflug bereit,
der tatsache bewusst,
dass die gesamte
pilotenkabine als
unverdautes
hinten wieder
rauskommen wird.

hinterm rauchglas draußen,
lästerbrunnen,
betonambiente,
bürgersinn.

früher
hatte das pueblo
whirlpools
auf dem dach.

im augenwinkel, im schatten des gehörgangs

meldete sich heute ein formatom liebe
mit der botschaft,
sie sei wie gott,
das grausamste von allem,
die sogenannte wirklichkeit,
der sogenannte alltag
eine täuschung,
schale gegenkur zur idee
der selbstaufgabe u.
kompletten symbiose,
das ganze demokratisierte gerede
vom herrschaftsfreien diskurs
von anbeginn eine lüge,
weil die wahrheit
nicht zu ertragen sein,
das kurzzeitige aufglimmen u.
verschwinden in ewiger dunkelheit.

immer weiter gingen die diktate,
bis ich schließlich erklärte,
mein nachname beginne mit w,
ich gehörte nicht zur zielgruppe
derartiger mitteilungen.

dann erwies sich der tag
als gütig, demokratisch u. human,
eine frische umströmte
stein u. leben,
alles in der kleinen, ungerechten welt
leuchtete
im richtigen maß,
wie es zielgruppe w.
in ihren statuten stehen hatte.

damals, im süden

blaue tonnen, von
weiß geblendet,
sonnendraht,
wassernetz.

kalksteine
ohne zahl,
weiter in
staubigen schuhen.

versprechen von
seetang,
benetzung der haut.

strenge archäologie,
gesang zwischen
den sonnenständen.

gleiten über die
vorhaben der zeit,
alles, was keinen
namen mehr trägt.

außerhalb offenbachs

1.
auf der bornheimer kerb stand georg oder schorsch, mit
pyknikerbauch und gut drauf, er kam von außerhalb
offenbachs, erzählten sich die leute, aufgeplatzte lippen
hatte er, aber dezent.

2.
außerhalb offenbachs war ein baugebiet, von spärlichem
licht beleuchtet, aufgewühlter lehmboden, rehbraun, aber
giftig und stinksauer.

3.
irgendwo lag eine luftmatratze, sie roch wie die luftmatratzen
von früher, ständiger luftverlust, bei zeltberührung
wassereintritt.

4.
autobahnrauschen, metallgitterzaun, baumarktscheinwerfer,
ein abgefetztes plakat.

5.
schorsch war die umgebung egal, betraf ihn nicht, wenn tür zu.
wohnen im eigenheim per eigenererb.

6.
von der blödsinnigen luftmatratze wusste schorsch nichts, mal
stellte sich das kopfteil hoch, dann übte das untere segment
klappmesser für den restlichen lufterhalt.

7.
schorsch trat ans fenster und sah ins lehmbraune gelärsch,
bauerwartungsland, dachte er vielleicht und fragte sich, wie
es hier nach der niederkunft der erwartung einmal ausschen
würde.

8.
hände in den hosentaschen seiner bermudas, eierspiel.

9.
im schattenwinkel einer bauleuchte zappelte die luftmatratze
weiter, obwohl sie dadurch immer mehr luft verlor.

10.
schorsch hatte sich bettfertig gemacht und dachte an nichts.

11.
warum die blödsinnige matratze da lag, im schmutzwinkel,
auch was sie tat – ist nur schwer zu erklären.

12.
lassen wir das.

der gesang der callas

erschien als
black&decker-
schlagbohrmaschine,
eingespannt
in einen schraubstock,
aber es half nichts,
auch nicht,

den hohen ton
mit unterlegscheiben
noch zu erhöhen, da
ihre unternehmung
immer klarer wurde,

das anbohren
des inneren selbst,
so hochfrequent, dass

die zitternden hände
des monteurs
nur noch mit lagerfett
zu beruhigen waren.

im nebenraum
alles voll mit liebesbriefen,
dass dieses zuteilwerden
bitte erhalten bleibe,
wenigstens für immer,

was sollte da die
schon wieder
zitternde hand
mit styroporschneider
noch ausrichten.

der lichtschalter,
damit das innere leuchten
sichtbar blieb,
austausch der ionen
zwischen ihr u.
ihrem publikum.

der kabeldetektor
gab hinweise auf eine
ungeheure konstruktion
mit brandstellen u.
jähen abbrüchen,
ihrem antiken knochengerüst,
dem unablässigen
schwingen ihrer frequenz
geschuldet.

der nächste raum
war noch im entstehen,
mit flehen.

du,
in sicherheitschuhen,
für was.

die messinstrumente hatten
nicht angezeigt
den plötzlichen einbruch
von milch und honig.

the magic room

von außen
scheinbar eine
rumpelkammer,
nicht weit vom
besenladen
entfernt, dessen
besitzer
schon lange
nur noch in seinem
aspik
sitze u.
ohne unterlass
über die geschäfte
auf der grünen wiese
schimpfe.

the magic room
sei von niemandem
so benannt worden,
ändere aber
selbsttätig
immer wieder
seine struktur aus
schriften, objekten,
kissen u. staub.

natürlich,
darüber spreche
man nicht, wie über
vieles, das
an der kehle u.
am herzen
hänge.

die pächterin
lebe
ein paar etagen
über dem raum,
sie öffne ihre tür
nur einen spalt,
was wollen sie,
nein,
mehr antwort sei
nicht zu bekommen.

ich solle
ruhig einmal versuchen,
the magic room
zu fotografieren,
auch wenn die
zoom-optik
sich jedes
weitwinkels
verweigere,
nähe aber
schnell
trügerisch sei.

aus vergangenem lernen

das ist eine frohe botschaft,
wenn du mit dem käseteller
balancierst und lieber wieder
die tür schließt.

wenn es arte nicht gäbe,
müsste man angst
vor dem altwerden haben.

richtig,
der seemann, auf dessen
pimmel ‚rumbalotte‘
tätowiert stand,
genau,
früher stand da
ruhm und ehre der baltischen flotte.

nach der langen winterpause
werden bald schon wieder
die stangen u. äpfelchen
aus den u-bahn-schächten
strömen, wie von truffaut
beschrieben.

mittwoch eschersheimer,
mit gedichten von b. u.
lesebändchen.
mach ein foto davon,
das muss raus,
unter die leute.

wo bist du?,
wir hatten noch nicht besprochen,
ob du früher mit
geha oder pelikan
geschrieben hast.

ich erwarte dich
im letzten lokal
der stadt,
mache mir
keine geschenke,
wir wollen nur,
zwischen den getränken,
diese eine frage
klären.

sie da, mit ihrem inneren selbst!

so geht das also,
einfach ein paar straßen
nach athen tragen,
oder
in einem lagerraum suchen,
alte möbel,
gesten,
sätze,
umarmungen,
expandierende ewigkeit.

bekenntnisse ohne haut,
überall
das innere selbst,
auch auf dem alten sofa,
dem stuhl aus königlicher zeit,
mit dem messer
ins polster gestochen,
eine feder springt raus,
wie man bereits
vor dreißig jahren
schrieb.

lebt denn
der alte plunder noch.

die straße vor dem lagertor
ist mit honig beträufelt,
ein regenbogen,
ein sonnenaufgang,
aus den
rosa leuchtenden wolken
ein fingerzeig gottes
mit leerer texttafel.

aufforderung an
den honigtropfen,
etwas
auf die tafel zu schreiben,
der aber
muss süß sein u.
klebt
auf der straße.

abwedeln
aus unbekanntem grund.

jetzt ein zettel
auf dem lagertor
des inneren selbst:
mieter gesucht.

im geiste

im geiste
sei er die treppe
hinuntergefallen, um kurz
an eines dichters grab
zu stehen, dann aber schnell
alles wieder repariert und
die gurkenmaske
vom letzten karneval aufgesetzt.

natürlich
noch etwas eirig im kopf,
auch im gang.

naturgemäß
eine art wahrheit,
die vor allem aus
überschaubaren zeitperspektiven
bestehe, darüber aber
nichts zu sagen sei.

der morgen
habe mit einem
glasklaren song
begonnen, den er von
„den hamburger jungs"
zugespielt bekam,
der rest des tages
sonne im butterfass.

manche hätten diesen
speziellen gang,
besoffen von sich selbst,
wie ein freund formulierte.

es gehe in der
verbleibenden zeit
noch darum,
setze doch ein,
was du willst,
zu finden.

am abend
die sängerin in
ihrer schönheit.
jahrzehntelang
habe sie
parallelkonstruktionen
zu widerfahrnissen
komponiert.

wie sie
die erinnerung
nur aushalte.

ihr lebensgefährte
von früher sei
dagesessen
wie ein männlein
im walde
und lackleder.

ihre kompositionen
hätten ihn öfters
runtergezogen,
das habe sie aber
nicht interessiert.

mir dürfe er das doch
anvertrauen,
wir hätten uns
doch schon einmal
gesehen.
all das besiegelt
beim ausschalten.

the bibles

the bibles konnten
ihre zunge rollen und
alles mit konfetti bedecken.

auch wussten sie im
richtigen moment das
shagra d'amour in die
herzen ihrer fans zu pflanzen.

wenn ihnen danach war,
verfügten sie über eine
wahrheit, schönheit, gutheit,
die ihren aposteln
tränen in die augen trieb.

sie konnten aber auch anders.

bei ihrem letzten auftritt wollten
sie nicht mehr liebe machen.

dann hörten sie mit
allem auf, weil sie
stark genug waren.

kack-mythos von den
kack-bibles, sagten
die nachgeborenen.

lieber pfannkuchen,

die ganzen jahre über
warst du resilient u. existent,
mit glänzenden backen,
klatschsäubernden händen,
dem wohlgeformten mund,
der ausgezeichnet sagte,
in helmut-kohl-diktion,
deine wärmende botschaft
ging mit apfel u. marmelade,
später auch mal speck,
doch nur probehalber
im modell deutschland,
bewusst deiner verbündeten,
dem einfachen u. dem guten.

was aber bedeutet jetzt
dein pfffff
vom pfannenrand?

mützen mit stauraum

sind jetzt überall zu sehen, damit
die frisur erhalten bleibt,
im land der sieben zwerge,
wo die schatten
tief hängen,
konzentrierter, bodybetonter
gang, als würde man
musik hören, während
der leere stauraum
über dem kopf wedelt, auf
die festung des geistes klopft,
was sonst möchtest du zeigen,
um deiner individualität
noch mehr
ausdruck zu verleihen?

hör mir doch auf mit deinem
kritisch-klischee-gelaber,
ist doch nur eine mütze
mit leerem stauraum, der
beim gehen
auf die schädeldecke
klopft.

ich habe nach der mütze gesucht,
weil ich sie überall sah,
sie mir gefiel,
ja,
ich wollte per kaufentscheid
dazugehören, doch fand nicht
das richtige modell.

keine alternative ist
die inszenierungen
als unikum, mit
entlegener kappe,

bekanntlich hat im
eigenbrötler der
verblendungszusammenhang
sein willfähriges opfer
gefunden.

so gehe ich
den ganzen winter schon
ohne deckung,
was mache ich nur,
sagt der bubu.

meine schulfreundin s.

schrieb mir 1976 aus den usa, dass sie
jetzt noch einmal mit ihren eltern
verreist sei,
die geysire der nationalparks
seien schön,
aber sonst,
sie hätte eine neue platte entdeckt,
songs in the key of life,
die würde es erträglich machen,
mir jedenfalls
wünschte sie einen schönen urlaub.

ihr vater war ein rigider reicher mann,
ich habe ihn nur einmal gesehen,
da schmiss er mich aus dem haus, weil
ich nicht gleich
aufgestanden war u.
ihm die hand gegeben hatte.

ihre mutter sah aus wie eine
ausgedünnte doris day,
sie war amerikanerin u. schrieb
gesellschaftsberichte für ein gi-magazin.

nach der schule saßen wir oft in der
endlos großen villa,
bedienten uns aus dem
riesigen kühlschrank u.
hörten bis zum abend musik,
die eltern waren nie zuhause.

ich war eine zeitlang
in s. verliebt,
sie orientierte sich aber
zu den älteren stechern,
wie sie sagte, so blieben wir
freunde,

fotografierten u. schrieben gedichte,
eines hinterließ sie
auf der sitzbank meines motorrades.

nach der schulzeit studierte s.
für kurze zeit philosophie,
dann
wurde sie sannyasin,
dann
hörte sie stimmen u.
bhagwan, der zu ihr sprach,
dann
schmiss sie die wohnungseinrichtung
auf die straße, ging mit einem foto zu
dem tankstellenmann u. forderte ihn auf,
ihr sofort
diesen buckel-volvo
zu besorgen,
dann
war sie in der psychiatrie, wo ich sie
besuchte u. mich wunderte, dass sie
über ihren zustand
immer nur lächeln konnte.

sie versuchte es mit sozialarbeit u.
maloche bei neckermann,
wahrscheinlich, um
den boden unter ihren füßen
nicht vollends zu verlieren.

etwas später zog sie wieder in das
haus ihrer eltern, schrieb morgens
einen abschiedsbrief,
in dem sie sagte, dass
ihre eltern
keine schuld hätten,
sie ertrage das leben
einfach nicht mehr,
sie ging zum goetheturm u.
stürzte sich von der oberen plattform.

als ich das album
kürzlich wieder
hörte,
dachte ich an s. u.
den magischen titel des albums,
das vielleicht
in dem bewusstsein entstanden war,
eine frühe, finale essenz
stevie wonders zu sein.

mich ergriff der hohe ton,
der festliche ernst,
das pathos u. der zeitweilige
kitsch und kommerz,
insgesamt aber
die atemberaubende schönheit
der musik.

was würde ich auf eine insel mitnehmen
daf, alles ist gut,
oder dieses album,
weil ich lieber mit
glaube, liebe, hoffnung
aus dem leben gehen würde,
abgründe seien schließlich überall,
wenn man ein bisschen kratzte.

in welchem zustand
flog s. auf den boden,
fragte ich mich,
als die sonne
in mein zimmer fiel u.
ich mich fühlte,
als wäre gerade jetzt
mein key of life.

der august

trägt ein pfannkuchengesicht,
schildmütze, bierfalten,
rote lippen u. falsche wimpern.

er möchte nicht, dass man
über ihn spricht.

jedes mal
flattert dann
sein rundes segel im wind.

hört man nicht auf,
über ihn zu reden,
fängt er an zu weinen u.
macht lichtspiele
an irgendeinem schalter.

jetzt auch wieder,
immer großes drama,
wenn man über ihn spricht.

niemand weiß, warum.

heute erscheint ihr

als rührei,
wie wird der erste biss
in das butterbrot sein,
danke
für die tischkante u.
stützkraft des stuhls,
ihr,
mit nachrichten
aus der ältesten
sehnsuchtskartei.

später,
an der garderobe,
ist alles vorbereitet u.
der körper steht bereit,

kann denn eure kraft
noch weiter wirken,
das letzte mal habt ihr
autos am straßenrand
in säcke voller geld verwandelt,
doch sie erreichten nicht
die richtigen stellen.

ihr kamt überein,
dass fortan
jeder augenblick
an einer zukunft
zu arbeiten habe u.
als glück rückwirke.

alle
konnten über den häusern
den flügelschlag hören u.
dachten an kfc.

der neue scirocco

erschien kürzlich als
stimmungsgedrückter golf,
zwar mit computerinsignien
von meer u. wüstensand,
fahrt in die freiheit für
singende sachbearbeiter,
weg vom tastendruck u.
diagonal gesetzten klammern,
aber auch golf,
mit zuversicht bis
in den süden u. weiter,
einflüsterungen
geheimer schwankung,
zwar günstig
im cw-wert,
doch abstrichen
rundherum.

schwer integrierbar
beim nächsten erscheinen
in metallic-mocca,
hier lag er
auf der bordsteinkante
unspektakulär als
zweifach geschichteter,
stinkender haufen
ohne weitere
applikation.

alle vorstellungen
vom süden
wurden abgesagt.

nichts neues im europaviertel

erfuhr ich heute,
wo ich
zuvor fotografiert hatte,
erst nur strukturen mit schatten,
leere zufahrten zwischen
stahl, glas u. kalkweiß mit
fernem ruf aus dem süden,

bruderkuss einer italienischen
vorstadt mit 60er-jahre-swing,
in abgrenzung zu
neo-realismus u. anderen ismen,
nur zahlen u. quadratmeter,
mit ausblick im blick.

in gedanken war ich
mehr u. mehr bei
meinem freund r.,
der fotograf war u. sagte,
man muss lauten
für ein gutes foto,
damit es nicht geschwätzig wird,

also fotografierte ich
den rasierten rewe,
verkleidet
mit holzsprossen u. innen
versuchtes
café-au-lait-gossentum,
nah der baustelle
mit flatterband u.
in der ferne oben,
am balkon,
abstrakte zeichen,
die menschen darstellten.

alles aufgenommen in raw,
mit anschließender feinarbeit,
dass die fremden mit eierblick
quietschten, weil sie sich
auf den balkonen
nicht ausreichend geölt hatten.

recht so, sagt r.,
sieht mit grünem blick
durch mich hindurch
zum eisenwinkel
am leeren spielplatz
in der sonne,
dann zieht er seinen pulli
hoch u. zeigt sein schwarzes
t-shirt, auf dem zu lesen steht,
sozialismus.

da grinst er kurz,
der brutalismusbau
der deutschen bahn.

aus der erfahrung der knochen

sehnen, muskeln,
des talgs heraus ein
dankeschön
fürs fliegen,
atmen u.
dass die fingernägel wachsen u.
putzen, wichsen, flink sein.

aus der erfahrung des denkens,
erinnerns, hebens, trachtens,
der schlüsse heraus ein
dankeschön
für langsamkeit u.
plötzlichkeit u.
dass die träume wachsen u.
schweben, schauen, schauen.

was noch zu lernen sei für
alleskönner,
alleswisser,
mit stillem blick
die achsen lang,
bevor die suppe fließt.

wuharhar,
oin witz gemacht
in scheidenheit,
in stiller nacht u.
fernem autorauschen,

mit etwas funzellicht,
mehr nicht.

nähe im vogelgesang

nicht im vogelgesang,
nähe der straße,
möglicherweise auf ihr,
hatte sich jemand
den scheitel gezogen,
wasserklar durch die
goldblonden löckchen seines
fdp-kopfes,
mit hornbrille und
englischem jacket.

er wolle sich vorbereiten,
vielleicht auf die niederkunft
des herrn,
schon einmal saß er im
kirchenraum,
nach dem studium des
wirtschaftsteils von
holtzbrink und
ritz am bein u.
der frage, ob da,
so ordentlich gekleidet,
vielleicht noch mehr
zu verstehen sei.

dann abtritt zu unbekannter mission.

ein schwarzer vogel krähte,
das weckte die kinder an der ampel auf,
liebe, helle,
pneumatische gesichter unter
einer schutzblase, die nur
gut-botschaften
durchließ, etwas zum lachen,
etwas von
nicht aufräumen müssen,

mit der tastatur spielen, der
geschichte vom krähvogel folgen.

kein feld mit winterstand,
ein blumenfenster, dritter stock,
honiglich-hoheitliches abendlicht.

sonst trat niemand auf.

beim klingeln kam aus der
gegensprechanlage:
der mit wasserkamm gezogene
scheitel, dafür würden wir spenden,
vielleicht ein nächstes mal.

dann die vertrauten stimmen
der nachbarn,
etwas vom richtigen
betatschen der flora,
kunstgriffe,
um das unverstandene
durch die lasche zu ziehen.

mein letztes buch 1

jeder satz sei entscheidend u.
schreiben keine spielwiese.

im nächsten satz sei ein
wechsel zu bauzäunen möglich.

die alte adresse, bewohner
mit polizeifunk.

knechte würden jeden tag
neu gezeugt.

innenstädte vor den
fußgängerzonen.

noch mehr bauzäune, die
richtung usa zeigten.

cut-up, neu angemischt, mit
deutschem schießpulver.

das größte dorf deutschlands,
auftritt mit lederjacke.

während des vortrags
auf den boden gespuckt.

später in alten autos
aus der stadt.

nach neuen sendern gesucht,
dazwischen geflüstert.

am nächsten morgen sonne
auf dem stapel musik u. bücher.

die bücher laut aufgedreht,
bis die häuser tanzten.

in der stille
alles fortgeschrieben.

unsere hände lagen

auf der revolver-schaltung des
r4,
der übrige wagen war
leicht erkennbar eine
attrappe,
auch der blick
auf die heide u.
die heide selbst.

die sprache meines nachbarn
war nicht zu verstehen,
trotz aller versuche,
er sah sanftmütig in
die internationale welt
aus hebelgesetz u.
gravitation.

offensichtlich setzte er auf
kollegiales miteinander u.
eine gewisse ausdauer
beim beharren.

sein blick beantwortete
meine fragen:

unser fahrzeug?,
alles cool, mann,
welcher gang?,
kein gang,
die welt draußen?,
alles cool, mann,
heidelandschaft, ja?,
ja, cool, mann,
und was soll das?,
nichts, ganz ruhig, mann,
wir sind freunde?,
sicher, alles cool, mann.

68

von draußen war jetzt
sehr deutlich
ein umblättern zu hören,
das war
die internationale welt,
die eine andere seite
aufschlug u. uns
seitdem vergessen hat.

in kambodscha

trinke man limonade aus
plastiktüten, vorher noch
ein paar eiswürfel reingeworfen.

in der ersten reihe der hauptstadt
tuk-tuks u. verkaufsstände,
süßigkeiten auf dem boden, dahinter
baracken, vielköpfige familien
in einem raum.

in einem mittleren wohngebiet
habe man die wohnhäuser verkauft u.
die menschen in ein stück wüste
umgesiedelt, etwa dreißig kilometer
außerhalb von phnom penh.

erst lebten sie dort in zerrissenen zelten,
sechs jahre später in
wellblechhütten aus müll.

vielleicht würden ja ngos,
non-goverment-organizations,
etwas helfen, mit ihrem geld
von außerhalb.

es sei auch ein geschäft der ngos,
elend auf gegenseitigkeit.

zum abschluss eine hochzeit in
einem zelt auf einer hauptstraße.
die braut sei schwanger gewesen,
sie habe dem bräutigam
jeden kontakt zu seinen kindern
aus erster ehe untersagt.

das brautpaar habe die ganze zeit
vor dem zelt gestanden, im verkehr.

innen sei es sehr warm gewesen u.
das essen widerlich, die gäste hätten
alles auf den boden geworfen u. gelacht.

wenn man sich politisch unterhalte,
müssten alle telefone draußen liegen,
denn der könig höre alles.

auf den straßen seien noch viele
alte krüppel unterwegs, aus
der zeit der roten khmer.

landschaftlich sei das land schön.

worte, wörter

mit den wörtern ist es einfach,
sie sind nichts bezeichnendes,
sie sind bezeichnetes.

deswegen auch trägt man immer
die massen mit sich,
beton zum bauen,
auch luftgeister und
ein geeiertes pirili, mit
schnell bewegten fingern.

man sagt fisch
und bekommt den kirchentag,
man sagt steak
und jemand drückt darauf
seine zigarette aus,
man sagt vegetarisches
und muss schmallippig
im reformhaus anstehen.

wer spricht hier von
beschreibungsimpotenz,
in den zeiten von fertigbeton.

da also mit wörtern
ungeheuere materialmassen
ständig bewegt werden,
ist es falsch, zu sagen,
hier wolle jemand wohl
nur von luft und liebe leben.

luft,
dieses unglaubliche
bollwerk aus unsichtbarkeit,
liebe,

dieser glanz, der uns
noch nach millionen
von lichtjahren erreicht.

man sagt
wörter oder worte
und weiß genau,
dass die organische restsubstanz
mit einem gläschen alete
pro tag ernährt werden kann.

alles ist möglich,
eingehüllt in
hullabulla,
solange sich
nichts störendes
von innen
oder außen
meldet und kein
heckenschütze schießt.

man sagt heckenschütze und
schaltet den computer aus.

der laubfrosch

war ganz in jeans, mit
buckel u. weißem resthaar,
ich beobachtete ihn fasziniert
beim konzert mit ewiger musik,
die etwa fünfzig jahre alt war.

die männer meiner generation
tanzen eher bewusst unexpressiv,
mit backenmuskelspiel, aber
der alte laubfrosch
hüpfte in einer art,
wie es ihm u. seiner generation
gerade zukam.

ausdruchstanz ohne lehre,
frei, vom grundanspruch her,
aber schon den kumpels
von damals
abgeschaut,
in a swing of things.

hupfdohlenhaftes dotzen
auf dem urgrund,
insistierendes spargelstechen
in ein vakuum,
um neuen raum zu schaffen,
so mein vorläufiger
entwurf einer beschreibung.

sofort überkam mich die sehnsucht,
mit großer genauigkeit
alle elemente
sinnvoll aufeinander zu beziehen u.
somit
objektive daten
der weltgemeinschaft

vorlegen zu können.
es ist ja völlig egal,
was man betrachtet,
man muss nur genau sein,
dachte ich, da war
der generationslaubfrosch
in einer kniewelle
hinter den leuten
verschwunden.

vielleicht hatte er seinen tanz
damals doch gelernt,
im ufo in london, zu den
projektionen u. der musik
von pink floyd,
dachte ich,
ein flatterndes,
tentakelndes geschwirre,
um nach mehreren
multiplen borderline-orgasmen u.
kathartischen schauern
endlich
ins anorganische
zu gehen, wie ein
übervoller aschenbecher,
dachte ich,

als der jeanslaubfrosch
wieder auftauchte u.
weiterhäckselte durch
seinen garten voller uschalas.

so sah ich die ewigkeit.

rheinallee, akkuschaden

die neustadt ist die altstadt,
es ist eine täuschung,
den alten mantel
nicht zu sehen,
das handelsbier,
die augengespräche,
immer noch hörbar,
resopaltisch,
auf wiedersehen.

im kleinwüchsigen mainzeltum
geborgen sein
unter schutzbäumen,
hundehütten, gartenlaub u.
einer backstube,
die alle anzieht.

beim biss in knackfrisch
ist die kommende zeit,
der universelle
vorbackfladen,
noch nicht zu sehen,
sind gerne vergessen,
die feuchten nächte von früher.

kuschelengheim,
knobiallee,
verandahausen,
stilettotanz.

wo soll das hinführen.

endlos besungene
gemütlichkeit,
schunkeltum wider
den tierischen ernst.

im frühen licht der backstube
alles gespiegelt,
das mainzer brötchen,
der äppelkahn,
hinterm tresen
der mann mit nur einem arm.

im goldenen kunstlicht
der frühen backstube
fällt der akkuschaden
nicht weiter auf,
weil das verschrobene,
zusammen mit den krümeln,
einfach vom tisch
gewischt wird.

über die rheinbrücke
geht eine herbe schönheit
aus plasteelaste,
sie wusste schon immer
fast alles.

als schlagerstar

im engen trevira-anzug, der
breite kragen wippt über
das unironische deutschland,
elvis in ganz klein,
doch nicht minder
die hände berühren,
das schweißtuch,
freude im saal.

busreisen, autobahn, mercedes,
den menschen etwas geben,
dankesbriefe selbst von
promovierten leuten,
wie wichtig die zeilen
herzen haben keine fenster,
wir beide fahr'n irgendwo hin,
eine neue liebe ist wie ein neues leben.

die mit den kritischen klischees
erkennten nicht
die einfache ansprache
komplizierter sehnsüchte.

wie im tourismus
über den liegen
noch immer
der alte wunsch bestehe,
die ewige landschaft
meer,
horizontlinie,
himmel
zu sehen.

dann werfe der engel der geschichte
alte botschaften und
neue hooklines

auf die erde,
es bleibe
festzeltveranstaltung,
von hinten an die schulter.

der engel der geschichte
folge anderen interessen.

2013 privatinsolvenz.

mein letztes buch 2

1.
es beginnt in paris um 1960, quartier latin, immer freiheit,
jazz und drogen, in erwartung ungeheurer designs.

2.
dann ein sprung, dem man gerne unsortiertheit unterstellt.

3.
j. kommt in einen ort, vermutlich auf einer insel, dort bleibt er
sechs jahre mindestens, sein bart ist mittellang.

4.
auf einem markt werden alte feilgeboten, gebiss und hintern
begutachtet, die leistungsfähigkeit und was davon
geblieben ist, auf allen ebenen.

5.
eine frau bekommt drei kinder, eines heißt citroen.

6.
j. möchte sie psychoanalysieren, alles erfahren, weil er
sich selbst als leer empfindet.

7.
niemand möchte sich von ihm psychoanalysieren lassen, auch
nicht das dienstmädchen, das immer nur von hinten genommen
werden will, aber nie spricht, weil es nichts zu erzählen hat.

8.
der mann der frau hängt an einem stück holz, sie findet ihn
unerträglich und verbietet ihm jede interaktion mit den kindern,
sie schreit ihn an und ist voller flecken.

9.
der mann hat genug davon, baut sich ein boot
und verlässt die insel, er kann so viel, sagt seine frau später.

80

10.
dann lässt sie die füße ihrer kinder vom dorfschmied behufen.

11.
ab seite einhundertelf liegt ein zauber auf dem buch, derart,
dass ich bei allen versuchen, wach zu bleiben,
nach maximal drei seiten einschlafe.

12.
das buch interessierte mich, ich sage alle verabredungen ab,
weil ich wissen möchte, was noch geschieht,
komme aber nur sehr langsam weiter.

13.
die mutter sorgt sich immer mehr um ihre kinder,
keinesfalls dürfen sie mehr draußen
im garten spielen gehen, weil dort bäume stehen.

14.
nun beginnt sie, jedes kind von kopf bis fuß abzulecken,
ganz nach dem vorbild der natur, wie sie sagt.

15.
j. stellt erneut fest, dass er immer noch niemanden
zum psychoanalysieren gefunden hat,
und dass sein bart nicht weiter wächst.

16.
die lektüre wird immer mühsamer, ich kämpfe um jedes wort und
bin schon lange nicht mehr aus dem bett gekommen.

17.
mittlerweile schlafe ich nach jedem satz sofort ein.

18.
beim letzten einschlafen träumte ich von einer irrfahrt
durch die vororte von colmar. auf den hauswänden las ich
immer wieder nur einen satz le freak - c´est chic.

19.
ich werde dieses buch zu ende lesen, und wenn es das letzte ist,
was ich tue.

20.
ich träume davon, ein eigenes buch zu veröffentlichen,
fürchte aber, vor dem erscheinen zu sterben,
weil das in meiner generation ständig geschieht.

vom urgrund

wenn man genau hinschaut,
also den kopf in schräglage bringt u.
zu boden geht, sieht man,
dass wir auf einer art
breitem käsefondue leben,
genauer gesagt,
einem nährboden
für chagrin d´amour,
blitzkrieg u.
verseuchtem wasser.

bekanntlich sind wir
aus diesem nährboden
alle hervorgegangen,
jeder einzeller
stand am anfang
vor der frage:
teilung
oder
ab ins anorganische.

man kann sagen, dass wir aus diesem
nährboden
erstanden sind,
vielleicht einer blase ähnlich,
die aus einem pizzakäsegemisch
aufsteigt,
dann den ofen verlässt u.
in ihr je eigenes
chakra
schwebt.

da wir uns
hier
gerade treffen,
ist klar,

dass es jetzt wichtig ist,
welche botschaften
wir zu unserem nährboden,
egal ob pizzateig,
torfgrund am schwappswedeler see
etc.,
senden.

jedem wird sein
chagrinhafter urgrund
in manchem traum schon
aufgestiegen sein.

liebe brüder u. schwestern
unseres gemeinsamen
gesangvereins:
es ist doch sicher
jedem von euch einsichtig,
dass die botschaften, die wir
ein leben lang senden,
ganz langsam wieder in
den pizzateig,
den torfgrund,
die unterwasserstation
-raumschiff-orion usw.
zurückfließen.

hier wird das prinzip der
eigenverantwortung
für alle sichtbar, denn die
lebensbotschaften,
die wir aussenden,
bereichern oder bearmen
den pizzagrund,
torfgrund,
unterwasserstation
usw.

da wir aber in diesen grund
wieder eingehen werden,
ist entscheidend,
wie schön wir uns
dieses bettchen
im leben bereitet haben:
mit dreckwasser oder uschalas.

jeder soll sich also überlegen,
wie er einst im pizzagrund
wabern möchte,
wie hängen
zwischen den molekülen,
eingedenk der tatsache,
wie ungerecht das alles ist,
bevor man wieder
als käseblase
in ein neues chagrin
aufsteigt.

wenn man sich mit dem
ich mache es mir schön
immer weiter steigert,
wird man eines tages
den kreislauf verlassen haben,
auch das dürfte bekannt sein,
man ist dann noch etwas
asche in einem becher u. hat das
innere selbst
ganz vergessen,
auch das vergessen vergessen,
auch das bild von schwarz u. nichts,
alles weg, tonlos.

immer wieder liest man,
beispielsweise in der
ameisenzeitung,
dass noch aus manchem

aschepartikel ein
kleiner seufzer kommt,
hin zum organischen.

bitte bedenkt dies alles.

dankeschön

jetzt hattet ihr neun wochen zeit,
aber es sind immer noch keine
verbesserungen zu sehen.

ihr seht traurig und melancholisch aus,
es fehlt einfach die körperspannung.

reicht es denn, wenn ich sage,
ihr seid die besten der schlechtesten?

natürlich, ihr hofft, dass ihr weiterkommt,
aber warum habt ihr solche schwierigkeiten,
meine tipps umzusetzen?

jetzt seid ihr richtig unten u. hofft,
durch euren walk das ganze
noch einmal rausreißen zu können.

ich will tolle posen u.
einen tollen gesichtsausdruck sehen.

ihr müsst einfach wissen,
was der kunde von euch will.

die entwicklung ist vielleicht nicht vorbei,
aber die konkurrenz schläft nicht.

woche für woche gebe ich die gleichen
anweisungen, in der hoffnung,
dass der knoten platzt.

ob das irgendwann mal passieren wird?

meine lieben: ihr wackelt!

Inhalt

Martin Westenberger studierte Germanistik, Kunsterziehung und Soziologie. Während seines Studiums arbeitete er u.a. als Roadie, Filmvorführer und Taxifahrer. Seit vielen Jahren ist er als Disponent in der Filmbranche beschäftigt. Lebt in Frankfurt am Main. 2018 veröffentlichte er den Lyrikband „Anmerkungen zum Sonnenstand".

Webseite: www.martinwestenberger.com

Kontakt: MartinWestenberger@gmx.de

Anmerkungen zum Sonnenstand

Gedichte

Martin Westenberger

100 Seiten, 2018

Direkt und teilweise ruppig, immer aber authentisch und aus dem Leben gegriffen geht es in den Gedichten von Martin Westenberger zu. In seiner neuesten Sammlung „Anmerkungen zum Sonnenstand" taucht er in ein großstädtisches Milieu ein, das uns alle angeht, und formt lyrische Bilder, denen man sich als Leser nicht entziehen kann.

Rainer Vollmar

Leseproben, Kontakt: www.martinwestenberger.com

Im Mosaik der syrischen Spuren

Gedichte

Edda Gutsche, Dirk Tilsner, Ralf Burnicki u.v.a.

420 Seiten, 2018

Mancher würde gerne Datteln im Garten ernten. Wann gibt es Frieden in Syrien?, doch was für ein neues Joch rückt im Schatten nach? Palmyras Säulenstadt in Wüstenarealen widmen sich Gedichte, Homs, Aleppo oder Damaskus rücken in den Brennpunkt. Gedichte zu unterschiedlichsten Aspekten des syrischen Dramas durchziehen den Band an zahlreichen Stellen, aber auch an die Levante vor dem Krieg wird erinnert. Reisenotizen führen in die Normandie, Küstenlandschaften kommen in den Blick. Istanbuler Stadtgassen und Basare ziehen vorüber. Lyrische Anleitungen zum Orgelbau halten sich parat. Der deutsche Philosoph Fichte, erster Rektor der Berliner Universität, wird aus polnischer Perspektive gewürdigt. Wie sich unser Treibhaus schließt und ein Spott auf Brückentechnologien beschreibt ein Gedicht und gibt Aussicht auf eine solare Republik. Ein Abgesang auf den Reim im Gedicht will gerade diesen gefördert wissen, in dem es ihn scheinbar abschreibt. Lichtweber vagabundieren, verpassen Züge, sind auf Exkursion. Einige leicht erotische Beiträge lockern auf. Espressogesänge und deren Salto mortale werden zelebriert. Eine weiße Amsel fliegt davon.

Leseproben, Inhaltsverzeichnis: www.literaturpodium.de

Jahre im September

Gedichte und Erzählungen

Marko Ferst

Edition Zeitsprung

Jahre im September

Gedichte und Erzählungen

Marko Ferst

212 Seiten, Edition Zeitsprung, 2017

Über Ostseeinseln wie Öland und Usedom streifen die Gedichte. Sie führen in die schwedische Schärenstadt sowie nach Buchara, Samarkand oder in den Ural. Magische Ausflüge in die Natur und Tierwelt tauchen auf. Gedichte zu Musik, Literatur und Malerei reichern diesen Lyrikband an. Unter die Lupe genommen wird der Drang der Regierenden, uns mehr und mehr auszuspionieren. Kritik zieht das gescheiterte Afghanistan-Abenteuer auf sich, das syrische Totenfeld wird umrissen. In Bangladesch zeichnen sich weitere Landnahmen des Meeres ab, Wasserstände, die mit unserem verschwenderischen Lebensstil im Norden verbunden sind. Sondiert wird, warum unsere Zivilisation ökologisch zu scheitern droht, sich längst im Spätstadium befindet. In der Arktis zeigt sich, wie weit das Vorspiel zum Klimaumsturz schon gediehen ist. Spitzbergen archiviert unsere letzten genetischen Hoffnungen. Den Spuren und Abgründen einer mysteriösen Krankheit wird nachgegangen. Der Band enthält zwei Erzählungen - eine arktische Begegnung zwischen weißen Raubtieren und einen Blick in das sowjetische Speziallager Sachsenhausen.

Leseproben: www.umweltdebatte.de Bestellung: marko@ferst.de

Schattenspiel der Berge

Gedichte

Helmut Glatz, Martin Westenberger, Manfred Burba u.v.a.

344 Seiten, 2017

Der Band streift durch Wörterwälder, der Brocken wird bestiegen, eine Schwarzwaldwanderung kommt in den Blick. Kirschblüten leuchten im Sonnenlicht. Was erzählt uns der Gesang der Wale – eine überraschende Antwort gibt es darauf. Eine Flaschenpost ist auf dem Weg. Vom Kinderkreuzzug wird berichtet, niemand kehrt zurück. Die Gewaltorgie, die der türkische Präsident in seinem Land veranstaltet, gerät in scharfe Kritik. Die planerischen Meisterleistungen für den Berliner Flughafen werden mit stillem Spott bedacht. Warum wohnt man im Hamburg, was macht die Stadt liebenswert? Die eigentümliche Form der Schollen führt zu Gedankenspielen. Kennen Sie schon den Yamdrock-See in Tibet? Das Mozartmeer rauscht im Ton zivilisatorischer Abgründe. Berichte von der Walpurgisnacht sind zu erwarten. Und immer wieder ziehen Gedichte durch Berglandschaften. Das ist ein Schwerpunkt dieses Bandes.

Leseproben, Inhaltsverzeichnis: www.literaturpodium.de

Seltenes spüren

Gedichte

Ulrich Grasnick, Elisabeth Hackel, Günter Kunert, Marko Ferst, Dorothee Arndt, Charlotte Grasnick u.v.a.

268 Seiten, Edition Zeitsprung, 2014

Erleben Sie den Inkafrühling in Peru. Versunkenen ägyptischen Schätzen wird nachgespürt. Monets Garten lädt ein und dem Duft einer französischen Bäckerei folgt ein Gedicht. Der Berliner Dom spiegelt sich nicht mehr im Palast. Zahlreiche surreale Gedichte enthält der Band, vereinzelt auch gereimte. Ein Besuch bei Heine steht an, versteckt liegt sein Denkmal. Den Szenarien der Krieger geht ein Lyriker auf den Grund, von weidwundem Land berichtet ein Gedicht für die Erde. Letzte Bienenwagen kommen in den Blick, Ausflüge führen ins Känguruland. Die Sonnenpost läßt uns Entfernungen vergessen. Der vorliegende Band ist eine Gedichtsammlung des Köpenicker Lyrikseminars und der Lesebühne der Kulturen Adlershof. Gäste wurden eingeladen. Grafiken von Dorothee Arndt illustrieren den Band. Das Lyrikseminar existiert seit 1975 und publizierte bereits mehrere Anthologien.

Leseproben: www.umweltdebatte.de
Bestellung: marko@ferst.de (dt. Porto frei)